PUBLICATION DE LA RÉUNION DES OFFICIERS

ESQUISSE HISTORIQUE
DU
TRAIN DES ÉQUIPAGES
MILITAIRES

PAR

UN OFFICIER DE L'ARME

MONTPELLIER
IMPRIMERIE CENTRALE DU MIDI
HAMELIN FRÈRES, IMPRIMEURS MILITAIRES

1879

ESQUISSE HISTORIQUE

DU

TRAIN DES ÉQUIPAGES MILITAIRES

PUBLICATION DE LA RÉUNION DES OFFICIERS

ESQUISSE HISTORIQUE

DU

TRAIN DES ÉQUIPAGES MILITAIRES

PAR

UN OFFICIER DE L'ARME

MONTPELLIER
IMPRIMERIE CENTRALE DU MIDI
HAMELIN FRÈRES, IMPRIMEURS MILITAIRES

1879

AVANT-PROPOS

Faire l'historique d'un Corps, c'est décrire l'origine, les transformations, l'organisation, etc., de ce Corps.

En ce qui a trait tout particulièrement au Train des Equipages militaires, on ne saurait procéder d'après la méthode employée pour les autres armes de l'armée française, car nous nous trouvons en présence de Corps de troupe créés tout récemment, et dont la première organisation militaire ne remonte pas au delà du commencement de notre siècle; mais dont le principe, inhérent aux armées permanentes et régulières, est aussi vieux qu'elles

Nous nous sommes donc trouvé dans l'obligation de nous écarter des règles tracées et d'embrasser l'arme tout entière, au lieu de nous appliquer à ses divisions naturelles.

En nous plaçant ainsi à ce point de vue général, nous avons dû faire abstraction d'un côté par trop particulariste, pour rester entièrement dans le domaine des généralités.

Notre travail a été établi le plus consciencieusement possible, et, s'il possède quelque valeur, la meilleure part en revient à tous ceux de nos camarades qui ont bien voulu nous prêter les documents qu'ils possédaient, nous donner tous les renseignements utiles à notre œuvre et nous communiquer leurs idées à ce sujet, ce qui n'a pas peu contribué à faciliter notre tâche. Nous leur en adressons nos remercîments.

T.

ESQUISSE HISTORIQUE

DU

TRAIN DES ÉQUIPAGES

MILITAIRES

Origine des transports

Les transports présentent dans leur institution un haut caractère d'utilité, dont la valeur n'a fait que croître au fur et à mesure des développements de l'intelligence humaine.

Leur origine se perd dans la nuit des temps.

Le premier mode de transport qui dut se présenter à l'esprit des premiers habitants du globe terrestre fut, sans nul doute, l'homme lui-même, ensuite les animaux qu'il soumit, puis enfin les différentes machines qu'il parvint à se confectionner : planche, radeau et canot sur l'eau, véhicules divers sur terre : d'où deux grandes divisions des transports :

1° Transports par terre ;

2° Transports par eau.

Les transports par terre se subdivisent eux-mêmes en deux classes ;

a) Transports à dos;

b) Transports par traction.

Les transports à dos comprennent ceux à dos d'homme, employés dès l'apparition de l'homme sur la terre. Ils sont encore utilisés par les Anglais dans l'Inde, au Cap, etc.; ils sont également employés par les trafiquants des côtes d'Afrique et par les grands explorateurs de cet immense continent. Et ceux à dos d'animaux, tels que chameaux, éléphants et mulets ou ânes, sans lesquels les caravanes ne pourraient traverser les pays accidentés, ni les déserts brûlants de l'Afrique, ni les steppes sablonneuses de l'Asie, ni les savanes immenses du Nouveau-Monde.

Les transports par traction comprennent les transports par traction directe exercée sur l'objet, soit par les hommes, soit par les animaux. Les premiers furent employés avec succès par les Égyptiens pour le transport des colosses et des obélisques, qu'ils érigèrent en si grand nombre dans la vallée du Nil ; les transports par véhicules traînés par des hommes ou par des animaux, et ceux traînés par machines diverses, surtout par machines à vapeur. Ces derniers ont donné naissance aux chemins de fer, dont le développement a pris une extension prodigieuse.

Les transports par eau se subdivisent également en deux classes :

a) Transports intérieurs;
b) Transports transatlantiques.

Les transports intérieurs furent les premiers employés par l'homme; peu à peu ils prirent un développement considérable, et contribuèrent, ou plutôt donnèrent naissance aux villes les plus importantes : rappelons-nous les nautes parisiens. Ils comprennent les transports par voies naturelles, c'est-à-dire par fleuves, lacs et rivières, et les transports par voies artificielles, c'est-à-dire par canaux.

Dans ce dernier genre, l'antiquité nous offre les grands travaux exécutés par les Égyptiens sous Sésostris, et principalement sous les Ptolémées, pour unir la mer Rouge au Nil. Les Romains creusèrent peu de canaux, car ils ignoraient la construction des écluses. Cependant on connaît d'eux la *Fossa Drusiana*, qui faisait communiquer le Rhin avec le lac Flevo ; la *Fossa Corbulonis*, canal de vingt-trois milles d'étendue entre la Meuse et le Rhin.

En France, il faut attendre le règne de Louis XIV pour voir la construction d'un grand canal, celui du Languedoc, par Riquet, qui facilita le commerce intérieur en établissant une communication directe entre l'Océan et la Méditerranée.

Les transports transatlantiques ne furent pas employés par les anciens, qui n'osaient s'aventurer sur des mers inconnues montés sur des machines de construction primitive; ils se bornaient au cabotage le long des côtes.

Mais plus tard, la boussole, puis la vapeur, amenèrent les progrès de l'art de la navigation à un tel degré, qu'il semble difficile de le dépasser aujourd'hui.

Une troisième grande division des transports serait celle des transports par air ou aérostation; mais, tant que les moyens de direction ne changeront pas, elle présentera toujours des chances aléatoires de succès qui la restreindront au rôle passif qui lui appartient.

L'origine des transports aux armées remonte aux expéditions des premiers peuples qui opérèrent en pays ennemis. Mais les grandes guerres de cette époque avaient deux causes principales :

1° Les émigrations;

2° Les invasions.

C'est la résultante de ces deux causes qui devint le facteur principal de la fondation des empires.

Dès la plus haute antiquité, on voit Cyrus s'occuper avec une grande sollicitude de ses transports, et les organiser de manière à les utiliser avec le plus d'avantages dans toutes ses expéditions.

Plus tard, les Perses, conduits par Xerxès à l'envahissement de la Grèce, font suivre leur immense armée d'un nombreux équipage, composé en grande partie de chariots couverts.

Il en est de même d'Alexandre le Grand marchant à la conquête de l'empire de Darius et de l'Inde.

Les Gaulois possédaient non-seulement des véhicules pour transporter leur matériel, leurs vivres et leur butin, mais encore des chars pour transporter les combattants. « A la guerre, dit Diodore de Sicile, les Gaulois

» se servent d'un char à deux chevaux, qui est monté par » un cocher et un combattant. Ils attaquent les cava- » liers, et, après avoir lancé le trait qu'ils appellent *sau-* » *nium*, ils descendent du char et se battent à l'épée. »

Dans les armées romaines les transports militaires constituaient un service spécial.

C'est en enveloppant leurs conquêtes dans un vaste réseau de voies militaires, facilitant les transports et provoquant les relations, que les Romains surent les conserver et se les assimiler. Si Rome envoyait jusqu'aux confins du monde connu sa langue, ses lois et ses mœurs, elle recevait de ses provinces les produits de toute nature dont elle avait besoin.

« Il est plus aisé de conquérir, dit Montesquieu, que » de conserver sa conquête; car pour conquérir on fait » agir toutes ses forces, et pour conserver, seulement » une partie. »

Les Barbares envahissant l'empire romain se font suivre d'immenses chariots transportant tout ce qui leur appartient, personnes et choses, et qui, en outre, servent à former l'enceinte de leur camp (*Wagenburg*): remparts mobiles du haut desquels ils lancent encore des traits à l'assaillant qui les a forcés de se mettre à l'abri de leurs machines roulantes.

Tels nous voyons les Cimbres, les Teutons, les Helvètes et toutes ces hordes du Nord accourant à la curée du colosse romain s'écroulant.

A la bataille de Châlons, dans les plaines catalauniques, Attila vaincu rallie son armée derrière l'enceinte formée par ses nombreux équipages

Et sous la première race de nos rois, les Francs préfèrent encore à l'abri des cités la protection plus sûre que leur offre l'enceinte de leurs camps formée avec leurs chariots.

S'il n'en est plus tout à fait ainsi sous la deuxième race, cela tient à une transformation des mœurs, par suite de la fusion entre vainqueurs et vaincus.

Les armées de Charlemagne étaient également suivies de nombreux équipages. On trouve dans les capitulaires de 807 que les tenanciers, colons et serfs de toute sorte, étaient à la discrétion de leurs maîtres et du roi ou de ses officiers. Quant à ceux qui possédaient des bénéfices, fussent-ils des personnes ecclésiastiques, ils étaient spécialement tenus du service de guerre.

« Nous vous ordonnons, écrit Charlemagne à l'abbé de » St-Denys, Fulrade, d'être au rendez-vous le 20 juin, » avec vos hommes armés et équipés convenablement. » Vous vous rendrez au lieu assigné de manière à pou- » voir combattre partout où nous vous commanderons, » c'est-à-dire avec armes, outils et approvisionnements, » ordinaires en vivres et en matériel. Chaque cavalier » aura un bouclier, une lance, une épée, une demi-épée, » un arc et des carquois garnis de flèches. Vous au- » rez sur vos chariots des outils de différentes espèces: » cognées, doloires, tarières, haches, pioches, pelles de » fer et autres instruments nécessaires à l'armée. Vous » vous fournirez de vivres pour trois mois, d'armes et » d'habits pour six mois.»

Sous la troisième race, après l'affranchissement des communes, on remarque le germe des transports militaires dans l'obligation imposée aux seigneurs de fournir, les uns, des hommes d'armes; les autres, un certain nombre de charrois.

L'organisation des milices nationales, principe qui devait servir à Charles VII pour la constitution de l'armée permanente, affirmait des besoins nouveaux dont la nécessité devait croître en raison de la stabilité des institutions militaires.

Sous l'ancienne monarchie, les officiers, qui presque tous appartenaient à la noblesse, se faisaient suivre aux armées par des équipages particuliers.

Sous la République, on voit, au début, les officiers porter eux-mêmes leurs effets dans un porte-manteau.

Mais, dès l'an VII, déjà commence à apparaître un équipage attelé affecté à chaque bataillon, équipage composé d'un caisson à quatre chevaux et spécialement employé au transport des bagages des officiers. En raison même de cette affectation spéciale, et concurremment à ceux affectés au transport des objets de campement et de la caisse, ces équipages reçurent la dénomination d'*Equipages militaires*, nom qui, plus tard, fut généralisé.

Il y avait à cette époque quatre espèces distinctes d'équipages, savoir :

1° Les *Equipages d'artillerie*, servant au transport des canons, du matériel et des munitions de guerre;

2° Les *Equipages des vivres*, servant au transport des approvisionnements de bouche ;

3° Les *Equipages des ambulances*, servant au transport des blessés et du matériel des hôpitaux ;

4° Et les *Equipages militaires*, servant au transport de

la caisse, des papiers, des effets d'habillement et de campement, et enfin au transport des bagages des officiers.

Le transport des fourrages s'effectuait au moyen de voitures louées ou requises.

Transports par Corvées

A peine l'armée permanente était-elle créée que tout aussitôt le besoin de transport se fit sentir. Il y fut pourvu au moyen de corvées : et, jusqu'au règne de Henri IV, les intendants des provinces furent chargés de lever les équipages nécessaires aux besoins de l'armée.

Par équipage, on entendait une voiture attelée, quels que fussent sa forme et le nombre de chevaux destinés à la traîner. Les équipages étaient rassemblés par groupes ou brigades, que l'on désignait par l'affectation qui leur était donnée : ainsi, on appelait *Equipages de l'artillerie* ceux affectés au transport du matériel et des munitions de guerre, et *Equipages des vivres* ceux affectés au transport des subsistances.

Transports par Réquisitions

Les transports par corvées étaient un régime draconien et une contribution vexatoire, dont Henri IV voulut affranchir ses sujets ; il conçut le projet de créer un corps spécial de charrois militaires. Cette heureuse conception, que Napoléon 1er devait réaliser plus tard, ne put être mise à exécution, par suite d'obstacles dont le plus sérieux fut le manque de personnel pour la composition des cadres du nouveau corps. Cependant le mode de recrutement fut changé : au régime des corvées, on substitua celui des réquisitions ; le service fut ainsi mieux assuré et d'une exécution plus rationnelle, car par équipage une juste rémunération fut fixée d'avance par les intendants de province. Ce régime donna des résultats satisfaisants et fut pratiqué sur une certaine échelle sous le règne de Louis XIV, pour effectuer tous les transports à la suite des armées.

Transports à l'Entreprise

Le régime des transports par réquisition ayant acquis, sous Louis XIV et au commencement du règne de Louis XV, une extension exagérée, l'expérience démontra que ce système était entaché d'un défaut très-grave : celui d'enlever a l'agriculture ses principaux moyens d'exploitation, et que, de plus, il ne permettait ni l'unité d'action, ni la régularité d'exécution, indispensables à tout service militaire.

Dès lors, le gouvernement se détermina à faire exécuter les transports aux armées à l'entreprise, au moyen de marchés locaux et transitoires passés avec des particuliers ou des Compagnies, qui s'engageaient à fournir les équipages et le personnel nécessaire à leur conduite

Chaque véhicule attelé était conduit par un charretier requis et mis aux gages de l'entreprise. Il était revêtu d'un sarreau et coiffé d'un chapeau militaire; il se trouvait placé sous les ordres et la surveillance d'un haut-le-pied chargé de la direction d'un certain nombre d'équipages. Un capitaine et des conducteurs de charrois étaient à la tête d'une brigade, et un chef de division surveillait quatre ou cinq brigades.

Ce mode concentrait ainsi dans une seule et même main, à chaque armée, le service des transports et le constituait en permanence pendant toute la durée de la guerre. C'était déjà un progrès; mais, à la paix, les marchés étaient résiliés et les équipages supprimés. Toutefois, une indemnité était allouée aux entrepreneurs. Malheureusement, s'il survenait une guerre nouvelle, tout était à refaire; il fallait de nouveau traiter à des conditions d'autant plus onéreuses que, le matériel et le harnachement précédemment employés ayant été vendus ou dispersés, les nouvelles Compagnies d'entreprise devaient se pourvoir de tout au moment d'entrer en campagne. En outre, la construction de nouvelles voitures et de nouveaux harnais entraînait forcément des retards, toujours très-préjudiciables à la bonne exécution du service, surtout à la veille d'une guerre.

Création du premier établissement de construction des équipages militaires

Le gouvernement comprit que le service des transports était à réviser, du moins en ce qui concernait le matériel, et que, en conservant l'ancien système, il pouvait en résulter de graves mécomptes.

Dès 1757, il se chargea de la construction des voitures et de la confection du harnachement, en un mot du matériel nécessaire aux transports de l'armée, et de le faire garder pendant la paix.

Les entrepreneurs le prenaient en compte, en devenaient responsables, et devaient pourvoir à son entretien pendant la guerre ; à partir de cette époque, ils n'eurent plus qu'à fournir le personnel et les animaux.

L'atelier de construction fut établi en Lorraine, à Sampigny; il était dirigé par un délégué du gouvernement, qui avait sous ses ordres le nombre d'agents et d'ouvriers civils nécessaires à l'exécution des travaux.

La Révolution trouva le service des transports militaires aux armées organisé dans ces conditions; l'établissement de Sampigny reçut alors la dénomination de *Parc national de construction des Équipages des vivres.*

La réserve du matériel se composait à ce moment de 1200 caissons munis de leurs harnais. En l'an II, la Convention décréta qu'il en serait construit 6,000 avec 12,500 harnais. Cette mesure exigea la création de 62 autres parcs provisoires ou ateliers qui furent répartis sur divers points du territoire. La suppression de ces parcs provisoires eut lieu successivement et au fur et à mesure de la constitution d'une forte réserve de matériel roulant et de harnais; l'importance de l'établissement de Sampigny s'en accrut d'autant. En 1800, il était le seul ou presque le seul; et en 1804, à l'avénement de l'Empire, il reçut la dénomination de *Parc impérial des Équipages militaires.*

Les ouvriers, tout en n'étant pas encore complètement militarisés, provenaient des levées et étaient considérés comme soldats.

Mise en régie des transports militaires

Le développement considérable que le matériel de guerre (*Artillerie, vivres, campement et hôpitaux*) prit au commencement des guerres de la République, amena le gouvernement à organiser un mode de transport régulier, solide, stable et plus en rapport avec les nécessités du moment. Les marchés passés antérieurement avec diverses Compagnies d'entreprise furent résiliés et l'on créa une régie générale des transports militaires, ayant une direction de service dans chaque armée.

Mais, malgré les immenses sacrifices que l'Etat dût s'imposer, les résultats furent loin d'être irréprochables. Cependant le moment approchait où une réforme radicale allait faire des transports militaires un corps nouveau entrant dans la constitution de l'armée et en faisant partie intégrante.

Importance des transports aux armées

La question des transports aux armées a été de tout temps et chez tous les peuples une des plus complexes et des plus difficiles à résoudre. L'étude de nos grandes guerres démontre de la manière la plus évidente que ce service a une importance capitale qu'il importe de ne jamais négliger : on ne se bat pas tous les jours, mais l'on mange tous les jours; sans moyens de transports, une armée subsistera difficilement. L'opération la plus difficile n'est point celle de trouver des vivres (*surtout en Europe*), mais bien de les transporter à la suite des armées pour s'en servir en temps opportun.

Montécuculli écrivait à ce sujet :

« Celui qui a le secret de vivre sans manger peut aller » à la guerre sans provisions ; la famine est plus cruelle » que le fer, et la disette a ruiné plus d'armées que les » batailles. On pensa trouver des remèdes pour tous les » autres accidents, mais il n'y en a point du tout pour » le manque de vivres ; s'ils n'ont point été préparés de » bonne heure, on est défait sans combattre. »

L'instruction du 28 nivôse an III nous dit :

« Le service des équipages militaires en campagne est » un de ceux qui contribuent le plus aux succès et à la » conservation des armées. C'est par lui qu'elles se trans- » portent avec rapidité sur les divers points vers les- » quels on peut diriger leur action ; c'est par lui qu'elles » reçoivent tous leurs moyens de subsistance et tous » leurs bagages ; c'est par lui, enfin, qu'elles se retirent » sans désordre et sans perte. »

Dupré d'Aulnay et Quillet on émis l'opinion suivante :

« Le service des transports aux armées est un des » plus importants pour le succès des opérations mili- » taires; si ce dernier manque, tout manque avec lui ; » c'est par cette raison que les meilleurs généraux sont » ceux qui se sont occupés des moyens de l'assurer avant » d'entrer en campagne. »

Plus près de nous, un écrivain militaire éminent a écrit dans la *XVe lettre à l'armée :*

« Ce qu'il y a de plus difficile en campagne, ce n'est » pas le combat, mais c'est de faire arriver sur le champ » de bataille des troupes en nombre convenable et bien » pourvues de tout ce qui leur est nécessaire en muni- » tions, outils, vivres et secours sanitaires. La bonne » organisation des transports est donc du plus haut in- » térêt. C'est un des éléments prépondérants dans la » réussite des combinaisons ; c'est un des services qui » doivent préoccuper le plus le commandement. »

Il serait superflu d'insister davantage sur l'importance des transports aux armées. Nous clorons nos citations par cette dernière, émanant d'un officier supérieur de l'arme :

« PAS DE TRANSPORT, PAS D'ARMÉE »

Aphorisme d'un laconisme saisissant.

Organisation militaire du train des équipages

Au début de l'Empire, e service des transports, à l'exception de celui du transport des canons et des munitions de guerre, fut encore exécuté sous le régime de l'entreprise, par une nouvelle compagnie fortement constituée. Un uniforme militaire fut donné au personnel du service des transports. Il était composé comme il suit :

Habit-veste couleur marron.
Pantalon de même couleur.

Chapeau militaire.
Sabre avec baudrier noir.

Afin d'éviter toute confusion, chaque service avait le collet et les parements d'une couleur distinctive, savoir :

Rouge pour l'artillerie.
Jaune pour les vivres.
Noir pour les hôpitaux.
Vert pour l'habillement et campement.

Les boutons étaient blancs avec l'effigie de la liberté, et pour exergue : *Convois militaires*.

Les haut-le-pied portaient sur la manche un galon blanc de caporal.

Les conducteurs portaient un galon d'argent sur les parements.

Les chefs de division portaient un galon d'argent au collet.

Les contrôleurs, inspecteurs et directeurs, portaient des broderies au collet et aux parements, selon leur rang.

Malgré les ressources locales, les entrepreneurs, à qui il fallait livrer les voitures et le harnachement, faire des payements d'avance, autoriser pour leur personnel des emprunts de rations de vivres, de chauffage et de fourrages dans les magasins de l'État, assuraient difficilement le service. Dans les grandes guerres de la République et des premières années de l'Empire, on fut obligé de faire plus encore : de jeunes soldats furent mis à la disposition des entrepreneurs généraux, impuissants à embrigader un nombre suffisant de conducteurs civils.

Et, malgré tant de concessions accordées pour faciliter l'exécution du service, le but ne put être atteint, et l'on dut reconnaître le vice incurable de ce système.

« L'intérêt d'un entrepreneur est trop souvent en op-» position, en campagne surtout, avec l'intérêt de l'ar-» mée. » Napoléon Ier, dans une lettre en date du 6 mars 1807, où il consigne cette réflexion, ajoute :

« Rien n'est absurde comme des marchés où l'entre-» preneur joue à la loterie : ou il peut être ruiné sans qu'il » y ait de sa faute, ou gagner un million sans raison...
» Je veux faire des transports militaires comme du train » d'artillerie. Nous n'avons fait qu'un pas en administra» tion, c'est celui-là. »

Paroles profondes et qui devaient porter leurs fruits pour tous les autres services administratifs, ceux des vivres et des hôpitaux surtout, qu'il est impossible d'abandonner au hasard des spéculations mercantiles.

L'Empereur ne tarda pas à réaliser sa pensée pour les équipages militaires. Un décret du 26 mars 1807 organisa le train en bataillons commandés par des officiers du grade de capitaine.

La première formation comprit 9 bataillons[1] seulement, à 4 compagnies ; ils furent organisés avec les dépôts de l'entreprise. Comme on le voit, on substitua au nom de brigade celui, plus rationnel, de compagnie.

[1] Le décret impérial porte à 8 le nombre des bataillons ; sans doute un 9e fut formé quelque temps après. C'est pourquoi le maréchal de Saint-Arnaud en porte le nombre à 9, dans son rapport en 1852.

Les tableaux ci-dessous permettent d'établir un parallèle entre la composition de l'état-major d'un bataillon et l'ancien personnel dirigeant, ainsi qu'entre la composition d'une compagnie et celle d'une brigade de l'entreprise.

Composition du personnel dirigeant non attaché aux brigades

	Hom.	Chev.
Pour les camps		
Agent en chef... ..	1	2
Par camp, ou armée		
Chef de service....	1	1
Contrôleur ambul. .	1	1
Caissier.	1	1
Artiste-vétérinaire. .	1	1
Par 4 brigades		
Contrôleur particul.	1	1
Par 2 brigades		
Chef de division...	1	1
Totaux....	7	8

Composition de l'état-major d'un bataillon

Officiers.		Chev.
Capitaine command. le bataillon......	1	2
Lieutenant adjoint..	1	1
Quartier-maît. (sous-lieutenant).......	1	1
Chirurgien-major...	1	1
Totaux....	4	5
Troupe		
Artiste-vétérinaire.	1	1
Maréchal-des-logis. .	1	1
Fourriers	2	2
Trompette-maître.. .	1	1
Maître-sellier..	1	»
Maître-maréchal....	1	»
Maître-charron.....	1	»
Maître-tailleur......	1	»
Maître-bottier......	1	»
Totaux....	10	5
Totaux généraux.	14	10

Composition d'une brigade de l'entreprise

	Hom.	Chev.
Capitaine de convoi.	1	1
Conducteur.......	1	1

Composition d'une compagnie

Officiers.		Chev.
Sous-lieutenant. ...	1	1
Troupe		
Maréch.-d.-log.-chef.	1	1

Fourrier	1	1
Haut-le-pied	2	5
Bourrelier	1	»
Charron	1	»
Maréchal	1	»
Charretiers	27	100
Totaux	35	108

Maréchaux-des-logis	2	2
Brigadiers	4	4
Trompette	1	1
Soldats (dont 8 haut-le-pied)	80	152
Bourrelier	1	»
Maréchaux-ferrants	2	»
Charron	1	»
Totaux	92	160
Totaux généraux	93	161

Voitures

Caissons	24
Forge	1
Total	25

Indépendamment de ce personnel d'exécution, des inspecteurs et sous-inspecteurs nommés par le gouvernement étaient chargés de parcourir les différents points du camp ou de l'armée, et rendaient compte au commissaire général des guerres de l'exécution du service.

Voitures

Caissons	34
Prolonge	1
Forge de campagne	1
Total	36

La surveillance du service des bataillons réunis dans chaque corps d'armée était confiée à un inspecteur général[1] et à deux inspecteurs ordinaires.

Les capitaines commandant des bataillons pouvaient parvenir à des emplois qui furent assimilés au grade de major.

[1] Le décret impérial dit. « Les bataillons seront sous les ordres des commissaires ordonnateurs des corps d'armee près desquels ils seront employés. »

L'organisation des bataillons fut d'autant plus facile, que le personnel de l'entreprise se trouvait déjà embrigadé hiérarchiquement et soumis depuis longtemps à la discipline militaire.

Les Inspecteurs du gouvernement furent confirmés dans leur emploi ; les agents en chef reçurent le brevet de capitaine, les chefs de service celui de lieutenant ou de sous-lieutenant. Les conducteurs et les fourriers furent nommés sous-officiers, et les haut-le-pied brigadiers.

Cette organisation militaire du train des équipages, qui s'accomplit ainsi sans perturbation pour le service, fut un progrès immense. Le temps passé antérieurement, par le personnel, au service des compagnies d'entreprise, lui fut compté comme service militaire.

Le nouveau corps reçut bientôt et successivement des accroissements importants, que nous énumérons ci-dessous :

1808, création de deux nouveaux bataillons.

1809, création d'un nouveau bataillon.

1810, création d'un nouveau bataillon.

1811, création d'un bataillon léger pourvu de mulets, en remplacement de voitures.

1811 et 1812, création de 11 nouveaux bataillons. Pendant cette dernière période, les bataillons avaient été portés à 6 compagnies, et l'effectif de ces dernières s'était notablement accru en hommes, chevaux et matériel.

Au moment de la guerre de Russie, il existait 22 bataillons à 6 compagnies, soit 132 compagnies, plus un bataillon de train léger à 4 compagnies : soit en tout 136 compagnies.

Leurs débris servirent à reconstituer, en 1813, environ 95 compagnies, indépendamment d'un bataillon qui entra dans la garde impériale.

A la fin de cette même année 1813, on créa un nouveau bataillon chargé tout spécialement du service des ambulances ; il comptait 10 compagnies, à chacune desquelles fut juxtaposée une compagnie d'infirmiers.

Le 12 mars 1814, tous ces bataillons furent supprimés pour former un escadron, licencié en 1815. A la paix, on ne conserva que 2 compagnies, qui formaient le noyau d'un nouvel escadron dont l'effectif fut très-variable.

De l'immense matériel qui avait été construit sous l'Empire il restait à peine 4 à 500 caissons que, faute d'hommes et de chevaux, on ne put utiliser pour l'ouverture de la campagne d'Espagne en 1823 ; car, malgré l'ordonnance royale du 18 décembre 1822, qui organisa les deux seules compagnies restantes en un escadron, composé d'un état-major, de deux compagnies actives et d'une de dépôt, on ne put mettre en mouvement que 150 voitures environ. On tenta, mais vainement, de revenir au régime de l'entreprise, par l'organisation de brigades de mulets de bât au moyen d'éléments civils. L'insuccès fut complet ; on dut se hâter d'organiser militairement 22 brigades de mulets de bât ; mais une telle extension ne s'improvise pas.

En 1824, à l'issue de la campagne, on procéda au licenciement de ces brigades, dont la création avait été trop subite.

Cependant la leçon reçue ne fut pas complétement perdue, et il resta pour le temps de paix comme pour le temps de guerre les bases d'une première organisation.

On conserva 4 compagnies qui furent constituées suivant les données de l'ordonnance royale du 26 février 1823.

En 1830, le nombre en fut porté à 8 compagnies actives et une de dépôt. L'ordonnance royale du 10 novembre 1830 admettait, en outre, l'organisation de 8 compagnies de réserve pour le temps de guerre.

On créa en 1832 une 9e compagnie active pour les besoins de l'armée de l'Algérie; mais, en 1833, on licencia de fait 6 compagnies à l'intérieur.

Les nécessités de l'armée d'Afrique marquèrent une série d'accroissements successifs qui aboutirent à une dernière organisation déterminée par l'ordonnance royale du 11 janvier 1842.

Le corps du train des équipages militaires fut constitué de la manière suivante:

En France, 1 escadron à 4 compagnies, plus 4 dépôts, dont 3 pour les escadrons de l'Algérie; ces derniers furent dirigés sur la colonie en 1856.

En Algérie, 3 escadrons à 4 compagnies actives, soit 12 compagnies, plus 6 compagnies auxiliaires.

Les compagnies auxiliaires furent licenciées en 1850 et 1851, ainsi que 6 autres compagnies créées en 1848.

Nous arrivons à l'année 1852, qui fait époque dans les annales du train des équipages militaires, car elle marque le plus grand pas fait dans son organisation militaire. Il nous faudrait citer tout au long le remarquable rapport du maréchal de Saint-Arnaud, alors ministre de la guerre, sur la réorganisation de ce corps. Nous en extrayons les lignes suivantes, qui sont d'un puissant intérêt :

« L'Empereur avait reconnu, et la pratique de nos » grandes guerres a démontré, que l'organisation d'un » train exclusivement militaire est indispensable aux ar- » mées. La Restauration avait perdu de vue ce principe ; » elle en a payé chèrement l'oubli en 1823. Si depuis » lors on s'en est souvenu, on peut dire avec assurance » cependant que le cachet de l'expérience a manqué à » toutes les combinaisons qui se sont succédées. En effet, » nulle d'entre elles n'a répondu d'une manière satisfai- » sante à cette double nécessité :

» Présenter sur le pied de paix des ressources suffi- » santes pour le pied de guerre ; garantir d'un autre » côté, lorsque les circonstances extraordinaires ont dis- » paru, la conservation de cadres précieux dont le dé- » doublement permette toujours instantanément de » parer aux éventualités.

» Ce but me parait devoir être atteint en portant à 5 » le nombre des escadrons, mais en réduisant à 4 (dont » une de dépôt) le nombre des compagnies de chaque es- » cadron. De la sorte, on n'excèdera pas la force actuelle » du corps ; mais, en donnant aux cadres une composition » solide, on obtiendra sans effort, lorsque le besoin s'en » fera sentir, 35 compagnies actives, sans compter les » dépôts.

	PIED DE PAIX		PIED DE GUERRE	
	Compagnies	Dépôts	Compagnies	Dépôts
5 escadrons à 3 compagnies et 1 compagnie de dépôt...........	15	5	»	»
5 escadrons après le dédoublement........................	»	»	35	5
Totaux.........	20		40	

» Déduction faite des exigences de l'Algérie, on dispo-
» sera alors, pour le service européen, de 26 compagnies
» environ : c'est le nécessaire pour près de 300,000 hom-
» mes.

» Au lieu d'être organisés exclusivement pour la con-
» duite des voitures, les escadrons seront composés en
» partie de compagnies montées, en partie de compa-
» gnies légères pour le service des ambulances, selon le
» vœu de M. le maréchal duc d'Isly. Les unes et les au-
» tres pourront se prêter un mutuel secours, parce que
» toutes seront recrutées de jeunes soldats qui auront
» reçu au dépôt une instruction commune et appropriée
» aux deux destinations.

» L'action du commandement combinée avec celle de
» l'intendance militaire suffira, sans qu'il soit besoin de
» recourir à un état-major spécial, pour faire produire à
» l'institution les effets utiles que l'Empereur se promet-

» tait en dictant l'instruction si remarquable du 14 juin » 1812.

» Enfin la construction et l'entretien du matériel con- » tinueront à être assurés dans des parcs spéciaux, au » moyen de 3 compagnies d'ouvriers constructeurs des » équipages militaires, dont un directeur aura le com- » mandement supérieur, en même temps que celui des » établissements, au dedans et au dehors. »

Le décret présidentiel du 29 février 1852 et le décret impérial du 11 juin 1853 règlent tout ce qui est relatif à l'organisation et à l'administration du nouveau corps. Nous en extrayons les parties essentielles suivantes :

Le service des équipages militaires se compose de deux parties distinctes, savoir :

1° Le service actif;

2° Le service des constructions.

SERVICE ACTIF

Le service actif comprend :

a) L'enlèvement sur le champ de bataille, pendant et après l'action, et le transport aux ambulances des blessés et des malades hors d'état de marcher.

b) Le transport du matériel des ambulances à la suite des divisions actives, et le transport du matériel des subsistances, des hôpitaux, de l'habillement et du campement, à la suite des quartiers généraux.

c) Le transport, en temps de paix et en temps de guerre, du pain ainsi que des denrées nécessaires à la nourriture et aux besoins divers des hommes et des chevaux, lorsque les troupes ne peuvent aller les prendre aux lieux de distribution.

d) Le transport, en temps de guerre, du matériel de la trésorerie, des postes et du télégraphe.

e) Le transport, en temps de guerre, des archives des états-majors (*ceux de l'artillerie et du génie exceptés*) et des archives de l'intendance militaire.

Le service des transports par les équipages militaires se compose de :

Cinq escadrons du train, dont trois en Algérie et deux en France.

L'organisation de chaque escadron compte, en temps de paix :

Un état-major,

Un peloton hors-rang,

Trois compagnies actives,

Une compagnie de dépôt.

En temps de guerre, la force de chaque escadron est portée à huit compagnies, dont une de dépôt, au moyen du dédoublement des cadres existant.

Composition de l'Etat-major d'un escadron (Officiers).

Chef d'escadron (un lieutenant-colonel pourra commander l'un des escadrons..................	1
Capitaine-major	1
Capitaine-instructeur........................	1
Trésorier (capitaine ou lieutenant)...........	1
Adjoint au trésorier (sous-lieutenant)	1
Officier d'habillement (capitaine ou lieutenant)..	1
Chirurgien-major ou aide....................	1
Vétérinaire de 1re ou 2e classe	1
TOTAL	8

Composition du cadre d'une compagnie (Officiers).

Capitaine-commandant	1
Capitaine en second	1
Lieutenants de 1re et de 2e classes	3
Sous-lieutenants	3
Vétérinaire de 2e classe	1
TOTAL	9

SERVICE DES CONSTRUCTIONS

Le service des constructions comprend :

La confection et l'entretien du matériel roulant et du harnachement nécessaires aux troupes des équipages militaires.

Il se compose de :

a) L'état-major des parcs des équipages militaires.

b) Trois compagnies d'ouvriers-constructeurs des équipages militaires.

Quelque temps après, une 4e compagnie fut ajoutée.

c) Les établissements des équipages militaires, comprenant :

A l'intérieur.	Un parc principal, Vernon. Un parc secondaire, Châteauroux. Un dépôt de matériel, Sampigny.
En Algérie.	Trois parcs de réparations. — Alger, Oran, Philippeville.

Chacun des nouveaux escadrons est commandé par un chef d'escadron; cependant l'un d'eux peut l'être par un lieutenant-colonel.

Le commandement supérieur des parcs et des trois compagnies d'ouvriers est confié à un directeur du grade de colonel ou de lieutenant-colonel. Au parc principal et au parc secondaire se trouve un chef d'escadron sous-directeur.

L'avancement au choix roule sur tout le personnel des équipages militaires.

Par un décret impérial en date du 3 mars 1854, il est créé un emploi de colonel dans les escadrons du train des équipages militaires.

Un nouveau décret impérial, daté du 14 février 1855, porte création d'un sixième escadron et d'une cinquième compagnie d'ouvriers-constructeurs.

Un autre décret, daté du 17 février 1855, créait dans la garde impériale, nouvellement formée, un escadron à deux compagnies; une troisième y est ajoutée le 20 décembre 1855.

Par un décret daté du 19 mai 1855, le parc de réparations d'Alger est transformé en parc de construction.

La guerre de Crimée nous fit connaître les compagnies auxiliaires, commandées par un lieutenant ou sous-lieutenant, et dont les gradés seuls appartenaient à l'armée.

Un décret impérial du 16 décembre 1856 licencie le 6e escadron du train des équipages militaires, la 5e compagnie d'ouvriers-constructeurs et la 3e compagnie de l'escadron de la garde impériale.

Lors de la guerre d'Italie, en 1859, les deux escadrons de l'intérieur furent augmentés de deux compagnies, ce qui en porta le chiffre à six pour chacun d'eux.

La guerre du Mexique vit renaître, sur le théâtre de l'action, les compagnies auxiliaires.

Au commencement de mai 1867, tous les escadrons durent opérer le dédoublement de leurs compagnies. Les compagnies nouvelles prirent les mêmes numéros que les compagnies mères, et formèrent ainsi des compagnies *bis*. Elles furent licenciées un mois après leur création, pour réapparaître le 1er janvier 1868, mais en prenant des numéros à la suite des compagnies mères.

Il y eut ainsi 48 compagnies, non compris l'escadron de la garde impériale, savoir :

24 à l'intérieur, en deux escadrons.

24 en Algérie, en trois escadrons.

Enfin, des considérations toutes spéciales devaient encore amener une nouvelle organisation. Un décret impérial du 28 janvier 1869 licencia les 5 escadrons de la ligne et les organisa en 3 régiments, comportant chacun, en temps de paix comme en temps de guerre :

1 état-major, 1 peloton hors-rang, 16 compagnies.

Le cadre des compagnies (officiers) demeura tel que le dédoublement l'avait donné ; mais celui de l'état-major se trouva sensiblement augmenté. Nous en donnons ci-dessous la composition :

Colonel ou lieutenant-colonel commandant le régiment...........	1
Chef d'escadron.................	1
Major	1
Capitaine-instructeur............	1
Capitaine adjudant-major.........	1

Capitaine-trésorier............	1
Sous-lieutenant adjoint au trésorier.	1
Capitaine d'habillement..........	1
Sous-lieutenant d'armement.......	1
Médecin-major..................	1
Médecin aide-major..............	1
Vétérinaire en 1er..............	1
Vétérinaires en 2me ou aides......	2
Total [1].................	14

Cette organisation, tout en n'étant pas parfaite, eut cela de bon qu'elle présentait une perspective d'avancement plus satisfaisante, en ce sens qu'elle modifiait avantageusement la proportion entre les capitaines et les officiers supérieurs.

Pendant la campagne de 1870-71, le nombre des compagnies fut considérablement augmenté, par suite de la perte de toutes celles de l'armée du Rhin et de l'internement en Suisse de celles de l'armée de l'Est. Le nombre des hommes et des chevaux qui furent incorporés dans chaque régiment dépasse les limites naturelles dans des proportions extraordinaires qui surprennent l'imagination.

A la fin de l'année 1871, tout en laissant subsister

[1] Cette composition n'eut rien d'absolu ; certain régiment avait plus de vétérinaires, à cause des détachements. Au début de la guerre contre l'Allemagne, on créa une compagnie de dépôt sous le commandement de l'instructeur. A l'issue de la campagne, il se trouva 2 adjudants-majors et 2 ou 3 chefs d'escadron par régiment.

l'escadron de l'ex-garde, on ramena les régiments aux chiffres suivants :

1 état-major, 1 peloton hors-rang, 16 compagnies, 1 cadre de dépôt.

Cependant l'œuvre de la réorganisation de l'armée était à l'ordre du jour, et, en attendant qu'elle fût complétement terminée, un décret présidentiel, du 1er mai 1873, parut, comportant une organisation provisoire.

Les trois régiments anciens et l'escadron de l'ex-garde sont licenciés pour former 4 nouveaux régiments à 3 escadrons.

Les premiers escadrons de chaque régiment étaient à 6 compagnies, dont 1 en Algérie ; les deux autres escadrons étaient à 5 compagnies, dont 1 en Algérie, soit :

A l'intérieur. . . .	52 compagnies.	64
En Algérie.	12 —	

A la tête de chaque régiment était placé un lieutenant-colonel (l'un des régiments était commandé par un colonel). Cet officier supérieur se trouvait au premier escadron avec le chef d'escadron-major et tout l'état-major du régiment ; chacun des autres escadrons était commandé par un chef d'escadron.

Cette nouvelle organisation avait cela de particulier que les escadrons étaient considérés comme formant corps.

On avait alors, croyons-nous, le projet de former à l'intérieur 12 corps d'armée et 4 armées.

La réorganisation générale de l'armée touchait à sa fin, et des tendances nouvelles s'étaient fait jour dans le sein de la Commission : les uns pensaient qu'il y avait lieu de rattacher le train des équipages militaires à la suite de la cavalerie ; d'autres, et de ce nombre se trouvait l'honorable et regretté général Chareton, pensaient qu'il convenait, au contraire, de fusionner en un seul corps unique les trois espèces de trains, savoir :

1° Le train d'artillerie ;

2° Les sapeurs conducteurs ;

3° Et le train des équipages militaires.

La première de ces propositions fut rejetée comme impraticable ; la seconde fut l'objet d'une étude approfondie, mais elle n'aboutit pas.

A ce sujet, nous pensons qu'il convient de rappeler les considérants pleins d'à-propos du général Chareton :

« La fusion des trois corps en un corps unique étant résolue dans son esprit, votre Commission a dû s'occuper de l'organisation à lui donner.

» Le principe posé par la loi d'organisation du 27 juillet 1873, que « tout corps doit, en temps de paix comme » en temps de guerre, être pourvu de tous ses moyens » d'action, et que ces moyens doivent pouvoir eux-» mêmes se diviser à la guerre en fractions constituées » correspondantes aux diverses unités à desservir en cas » de détachement », a servi de base à ses études.

» Prenant pour point de départ l'unité régimentaire, la Commission a recherché à quelle condition du service devait correspondre l'organisation du corps des transports militaires, et il lui a paru que c'était la seule base qui lui permettait d'arriver à une détermination rationnelle des effectifs et à la constitution des cadres.

» Non-seulement, en Prusse, chaque corps d'armée forme un tout complet, mais les corps particuliers sont munis de tout ce qui peut satisfaire à leurs premiers besoins. En donnant à tous les corps les voitures indispensables, on diminue les longues colonnes et l'on maintient les effectifs au complet.

» Nous ajouterons à ces considérations qu'avec les grands effectifs des armées modernes, la division des convois s'impose comme un principe obligé, si l'on ne veut pas s'exposer à alourdir dangereusement les colonnes et entraver les opérations militaires. »

Enfin la loi du 13 mars 1875 parut; elle versait à l'artillerie les établissements des équipages militaires, les états-majors des parcs, ainsi que les quatre compagnies d'ouvriers constructeurs. Elle restreint l'autonomie du corps en rattachant personnel et matériel au service de l'artillerie ; mais, d'un autre côté, le train des équipages militaires, qui jusqu'à ce jour avait fait partie des troupes d'administration, entre dans la constitution de l'armée, en fait partie intégrante et constitutive.

Cette loi divise l'armée en corps de troupe, qui sont :

1° *L'Infanterie;*
2° *La Cavalerie;*
3° *L'Artillerie;*
4° *Le Génie ;*
5° *Le Train des Equipages militaires.*

La composition de ce dernier est déterminée par l'art. 7, ainsi conçu :

Le train des équipages militaires comprend :

20 escadrons, tous stationnés en France; chaque escadron est à 3 compagnies. Le service de l'Algérie est assuré par un certain nombre de compagnies mixtes rattachées, pour l'administration, aux escadrons de l'intérieur.

La composition des cadres de ces corps de troupe sur le pied de paix et sur le pied de guerre, et leurs effectifs en simples soldats pour le pied de paix, sont déterminés par la série E des tableaux annexés à la présente loi :

Etat-major d'un escadron

Officier supérieur, commandant	1
Capitaine-major	1
Lieutenant ou sous-lieutenant, trésorier	1
Lieutenant ou sous-lieutenant officier d'habillement	1
Médecin aide-major de 1re classe	1
Vétérinaire en second	1
TOTAL	6

Cadre de la compagnie (Officiers)

Capitaines	commandant	1
	en second	1
Lieutenants	en premier	1
	en second ou sous-lieutenant	1
	TOTAL	4

En résumé, la loi du 13 mars 1875, modifiée par celle du 15 décembre suivant, fixe comme suit, sur le pied de paix, la force d'un escadron :

	Hommes	Chevaux
Officier supérieur...........	1	2
Officiers subalternes.........	17	23
Sous-officiers, brigadiers et hommes des cadres..............	119	64
Soldats..................	156	120
Effectif général....	293	209

Dans cet effectif ne sont compris ni les soldats ordonnances des officiers sans troupe, ni les hommes de la deuxième portion.

L'effectif des officiers supérieurs du train des équipages militaires nécessaire au commandement des 20 escadrons et des compagnies stationnées à Paris et en Algérie est de 24; il peut comprendre un colonel et trois lieutenants-colonels.

Sur le pied de guerre, les 3 compagnies de l'escadron sont dédoublées et forment 6 compagnies actives et une section de dépôt.

Après dédoublement, le cadre de chaque compagnie sur le pied de guerre se compose de :

1 capitaine, 2 lieutenants ou sous-lieutenants, dont un de réserve, 1 vétérinaire (aide ou de réserve), 1 adjudant, 1 maréchal-des-logis chef, 8 maréchaux-des-logis, 2 fourriers, 16 brigadiers, 6 ouvriers, 1 maître-maréchal, 2 aides-maréchaux, 4 bourreliers et 3 trompettes.

Les 2e et 5e compagnies ont un cadre légèrement plus élevé : la première, par l'adjonction d'un dépôt de remonte mobile ; la seconde, par l'admission des soldats-ordonnances des officiers sans troupe.

Comme on le voit, chaque corps d'armée est pourvu d'un escadron du train des équipages militaires destiné à assurer le service des transports.

L'escadron affecté au 19e corps d'armée se trouve à Paris, et l'escadron affecté à ce gouvernement porte le nº 20 ; il se trouve à Versailles.

La loi du 24 juillet 1873, en arrêtant les bases générales de l'organisation de l'armée territoriale, a laissé à la loi des cadres de l'armée le soin de déterminer le nombre et la composition des corps de troupe dont doit se composer l'armée territoriale.

La loi du 13 mars 1875 a fixé à 18 le nombre des escadrons du train territorial et porté à 3 le nombre des compagnies pour chacun (*une 4e doit y être ajoutée*). Ils se mobilisent dans la même garnison que leurs congénères de l'armée active.

L'organisation actuelle du corps du train des équipages militaires, qui s'adapte d'une manière parfaite à la nouvelle organisation générale de l'armée, ne semble pas devoir subir de sitôt d'importantes modifications ; d'ailleurs, elle lui donne une extension et une mobilité en rapport avec les effectifs considérables appelés à entrer en ligne.

Création des parcs de Vernon et de Châteauroux. Organisation des ouvriers-constructeurs

L'invasion de 1814 avait fait ressortir le défaut capital de la position du parc Sampigny, résultant de la proximité de la frontière est ; car les coalisés s'en étaient emparés au début de l'envahissement du sol national.

L'Empereur, au retour de l'île d'Elbe, voulut y remédier immédiatement ; il chargea à cet effet le général d'artillerie Neigre de rechercher, soit sur la Seine, soit sur la Loire, une ville propre et offrant toutes les ressources que réclame l'importance d'un parc de construction, et pouvant permettre une défense suffisante pour aider et faciliter au besoin l'évacuation du matériel et de l'outillage.

Le choix du général se fixa sur Vernon, chef-lieu de canton du département de l'Eure. Cette petite ville normande s'élève sur la rive gauche de la Seine et se trouve presque à égale distance de Paris et de Rouen ; elle offrait toutes les conditions requises pour l'installation et l'aménagement d'un parc de construction.

L'on mit à la disposition de l'État un ancien couvent de capucins, noyau autour duquel se sont successivement groupés les divers bâtiments qui formèrent le grand établissement de construction des équipages militaires.

L'évacuation du parc de Sampigny eut lieu par terre et par eau sur Châlons-sur-Marne d'abord, ensuite sur Paris et Vernon.

Afin de ne pas accumuler sur un seul point les ressources du service des transports, on établit un parc secondaire à Châteauroux, chef-lieu du département de l'Indre. Cette petite ville est bâtie sur la rive gauche de cet affluent de la Loire qu'elle domine ; sa position au centre de la France la recommandait pour l'installation d'un établissement secondaire.

Les événements précités qui marquèrent les Cent jours ne permirent la construction de ce nouveau parc qu'en 1818.

En 1809, on organisa pour la campagne d'Espagne deux compagnies provisoires d'ouvriers au moyen des ressources que présentait le personnel du parc de Sampigny; elles étaient commandées par des chefs d'atelier.

En 1812, elles furent dirigées sur la Russie. Elles rendirent d'importants services pendant ces deux campagnes; mais la position d'agents et ouvriers civils au milieu d'une armée présentait une anomalie pleine d'inconvénients, on décida de les organiser militairement.

L'ordonnance du 23 décembre 1814 fixe comme suit la composition du personnel du parc sur le pied de paix :

Major du train, directeur........	1
Chef d'escadron, sous-directeur...	1
Capitaines adjoints..............	2
Caissier-payeur...	1
Gardes.........................	3
Ouvriers d'État.........	8
Total	16

Le règlement sur les arsenaux d'artillerie fut rendu applicable aux établissements des équipages militaires.

Pour les travaux, on organisa deux compagnies d'ouvriers, sous la dénomination *d'ouvriers du train des équipages militaires.*

Ces deux compagnies furent licenciées en 1815; et à la paix, on procéda à une réorganisation de tout le service.

Le personnel du parc demeura tel qu'il était précédemment ; toutefois le caissier-payeur fut remplacé par un garde, et les *ouvriers d'état,* chefs, sous-chefs et ouvriers, reçurent la dénomination d'*ouvriers-vétérans.*

Ce personnel était réparti entre les divers établissements, selon les besoins.

Les deux compagnies d'ouvriers furent réorganisées et portèrent le nom de leur capitaine-commandant.

Une troisième compagnie d'ouvriers, formée en 1822 pour la campagne d'Espagne, fut licenciée peu de temps après.

En ajoutant à cet ensemble les deux compagnies du train des équipages militaires, débris des nombreux bataillons qui furent créés sous l'Empire, commandées par un chef d'escadron, on aura le corps du train des équipages militaires de l'époque.

Les nouvelles bases déterminées par l'ordonnance royale du 26 février 1823 sont les suivantes :

1 Colonel-directeur des parcs, commandant supérieur du train et des compagnies d'ouvriers.

Il était assisté dans son service par :

1 Lieutenant-colonel, directeur en second.

2 Capitaines.
2 Lieutenants.

Le personnel affecté à chaque parc comprenait:

1 Chef d'escadron sous-directeur.
1 Capitaine en résidence fixe.
2 Lieutenants.
1 Officier-payeur.
1 Chirurgien.
6 Gardes.
7 Ouvriers-vétérans.

Le parc de Sampigny fut déclassé et constitué en dépôt; son personnel fut modifié comme suit :

1 Capitaine en résidence fixe.
1 Garde.
1 Ouvrier-vétéran.

La même ordonnance détermine également la composition d'un parc de réparations aux armées, savoir:

1 Capitaine-commandant.
2 Lieutenants.
3 Gardes.
3 Ouvriers-vétérans.

Enfin, cette même ordonnance applique à la comptabilité-matières et à la comptabilité-finances des établissements des équipages militaires les règlements en vigueur dans les arsenaux de l'artillerie.

L'ordonnance du 10 novembre 1830 créa une troisième compagnie d'ouvriers.

La conquête de l'Algérie amena successivement la

création de 3 parcs de réparations à Alger, Oran et Bône.

En 1840, une 4e compagnie d'ouvriers fut également créée; elle fut licenciée en 1848.

Cette organisation, qui a existé jusqu'en 1842 avec des effectifs très-variables, était administrée de la manière suivante:

Il y avait autant de conseils d'administration que de parcs et de compagnies d'ouvriers, mais un seul était constitué pour les compagnies du train. Le directeur présidait tous les conseils d'administration qui se trouvaient dans sa résidence; il commandait, en outre, toutes les parties du service.

La réorganisation de 1842 sépara complétement des parcs les escadrons nouveaux; les directeurs n'eurent plus aucune action sur eux; les compagnies d'ouvriers, seules, restèrent sous leur direction et prirent la nouvelle dénomination de *compagnies d'ouvriers constructeurs des équipages militaires*. Les ouvriers-vétérans reprirent leur ancien nom d'*ouvriers d'état*.

L'ensemble formé par toutes les troupes et les établissements fut désigné sous le nom générique de *Service des équipages militaires*.

Pendant la guerre d'Orient, on établit à Constantinople un parc de réserve largement approvisionné pour lui permettre de parer à toutes les éventualités; il occupait, avec le parc de réparations de Crimée, deux compagnies d'ouvriers constructeurs.

Il fut supprimé en 1856.

Lors de la guerre d'Italie, en 1859, un parc de réserve

fut installé à Gênes et fournit des ateliers de réparations sur tous les points occupés par l'armée française.

Pour la campagne du Mexique, peu de matériel fut envoyé de la métropole; les ateliers civils de New-Yorck en construisirent une quantité considérable sous la surveillance d'un officier des ouvriers constructeurs.

On dut également constituer un parc de réserve qui séjourna un peu partout et qui fournit les ateliers de réparations aux nombreuses colonnes. A la fin de la guerre, le personnel rentra dans les établissements et le matériel fut vendu sur place.

Pendant la dernière guerre, des parcs de réparations furent attachés aux différents corps d'armée.

Service du train des équipages militaires

Le service si important du train des équipages militaires est des plus variés; on peut le définir comme suit :

Service de santé

Relèvement des blessés sur le champ de bataille.
Service des évacuations sur terre.
Transport du matériel d'ambulance.

Service des approvisionnements

Transport de l'habillement, du campement et des subsistances.

Services divers

Transport des équipages d'état-major, de la poste, du trésor, de la télégraphie, des archives, etc., etc.

La première partie, la plus belle de sa tâche, est essentiellement humanitaire ; aussi, pour bien la remplir, faut-il autant d'abnégation que de courage. Le premier, levant le camp et y arrivant le dernier, le soldat-conducteur du train, doit le plus souvent, avant de songer à lui, penser aux autres. Pendant l'action même de la lutte, il va jusque dans les rangs enlever les blessés, essuyant le feu de l'ennemi sans pouvoir y répondre, car avant tout il se doit à ceux qui attendent ses secours ; et longtemps encore après l'issue du combat, quelquefois très-avant dans la nuit, on le voit explorer avec soin le théâtre de la bataille, recherchant le malheureux qui, sans lui, périrait faute de secours ou mourrait sans consolation.

L'enlèvement des blessés sur le champ de bataille remonte très-haut dans l'histoire des peuples ; pendant la conquête des Gaules, on voit Jules César s'occuper d'une manière toute particulière de ses blessés, auxquels il fait donner les soins que réclame leur état; après chaque combat, il s'en fait indiquer le nombre et prescrit lui-même les mesures à prendre à leur égard. Cependant ce n'est guère qu'à l'époque des croisades que l'on aperçoit un corps, ou du moins une corporation religieuse, qui s'attribue cette noble mission.

Les chevaliers de St-Jean-de-Jérusalem [1], plus tard chevaliers de Malte, furent institués, non-seulement dans le but de donner des soins aux malades et aux blessés, mais également dans celui de ramasser ces derniers sur le champ de bataille, tout en combattant les infidèles. Mais bientôt cet ordre, entraîné par les idées belliqueuses de l'époque, abandonna le devoir le plus beau, le plus méritoire et le plus glorieux de son institution.

Au milieu du siècle dernier, pendant la guerre de Sept ans, le service de l'enlèvement des blessés fut organisé dans des circonstances toutes particulières qu'il est utile de rappeler.

Beaucoup d'anabaptistes habitaient les versants des Vosges et les montagnes de la Franche-Comté. (La secte des anabaptistes est une des nombreuses ramifications du protestantisme; elle considère, comme les quakers, l'action de verser le sang humain, même sur le champ de bataille, comme un véritable crime.) Mus par un sentiment de patriotisme et de charité, ces religionnaires voulurent se rendre utiles à leur pays sans que leur conscience fût troublée. Honteux de rester inactifs, alors que leurs compatriotes d'une autre religion versaient leur sang pour la patrie commune, ils adressèrent une supplique à Louis XV, lui demandant l'autorisation de suivre les armées pour être employés à l'enlèvement des blessés sur le champ de bataille.

Le roi souscrivit à leur requête.

[1] Cet ordre survit en Prusse, où la constitution qui lui fut donnée en 1853 en fait une grande Société de bienfaisance laïque et protestante.

Les détails ci-dessus ne sont pas déplacés dans l'historique du train des équipages. Ceux qui ont l'honneur d'en faire partie peuvent être fiers de coopérer à une mission dans laquelle ils ont eu pour devanciers les chevaliers de Saint-Jean-de-Jérusalem d'abord, et ensuite d'humbles paysans, sectaires il est vrai, mais animés de sentiments patriotiques et chrétiens.

Ce n'est qu'à la fin de 1813 que l'on voit pour la première fois un bataillon du train des équipages militaires chargé spécialement du service des ambulances.

En 1852, les escadrons, au lieu d'être organisés exclusivement pour la conduite des voitures, furent composés de compagnies montées et de compagnies légères, dont les hommes recevaient au dépôt une instruction appropriée au service auquel ils devaient être affectés. C'est à cette époque que l'on reconnut l'utilité des compagnies légères, surtout dans les fréquentes expéditions d'Algérie. La nature du terrain sur lequel opéraient les troupes nécessitait l'emploi de mulets de bât pour le transport à dos, dont l'usage commença à s'introduire dans l'armée française en 1823, pendant la guerre d'Espagne ; on en vit également en 1828 à l'expédition de Morée.

Jusqu'à cette époque, les transports à dos n'avaient servi qu'à transporter de l'artillerie, des munitions ou des vivres. La guerre d'Afrique fit naître le besoin de les employer pour le transport des blessés et des malades ; les expéditions réitérées en pays accidentés et ingrats, où l'on ne rencontrait d'autres habitants que des combattants, obligèrent les colonnes à se faire suivre constamment par les ambulances, les blessés et les malades. Parmi tous les moyens imaginés pour placer convenablement les hommes sur les mulets, le cacolet eut la préférence. Ce n'était primitivement qu'un siége en bois grossièrement façonné, lourd, embarrassant pour les colonnes, peu solide et médiocrement commode ; mais l'usage et l'expérience le firent bien souvent modifier, et, par les divers changements et perfectionnements apportés dans sa confection, on est enfin parvenu à créer le modèle actuel (*cacolet Rabu*), qui laisse peu à désirer sous tous les rapports.

Le cacolet ne pouvait recevoir que les hommes assis : il fallut créer la litière pour le transport de ceux qui ne pouvaient être transportés que couchés.

Par la création des compagnies légères, on a visé plus particulièrement le service des ambulances ; c'est à ce point de vue qu'elles sont le plus précieuses. Ce qui a lieu constamment en Afrique, ce qui s'est passé pendant la guerre de Crimée et, plus récemment encore, au Mexique et dans la dernière guerre, témoigne d'une manière irréfragable qu'elles sont nécessaires et indispensables.

Aussi, indépendamment de celles de ces compagnies affectées au service de l'Algérie, en voyons-nous une affectée, sur le pied de guerre, à chaque corps d'armée.

Le rapport du maréchal de Saint-Arnaud renferme ces belles paroles :

« Cette création (du service des ambulances par le » train) était la conséquence d'une dure expérience de » la guerre.

» Les soins à donner aux blessés affaiblissaient souvent les rangs, déjà trop dégarnis, des combattants.

» Le train des équipages militaires reçut ainsi le baptême du feu. Cette noble mission lui a valu depuis lors, » dans l'armée, l'estime et la reconnaissance de tous » ceux qui l'ont vu, notamment en Algérie, s'acquitter » invariablement de sa tâche avec autant d'abnégation » que de courage.

» Ce qu'il y a de plus digne de remarque, c'est la confirmation de la grande pensée que l'Empereur avait » conçue en confiant au train des équipages militaires, » comme sa plus belle tâche, l'enlèvement des blessés du » champ de bataille. Cette mission n'est plus pour lui une » fonction secondaire, mais bien la première et la plus » importante de toutes. Avec un train vigoureusement » organisé, bien commandé, un général en chef pourra, » la veille d'une bataille, défendre aux soldats de sortir » du rang pour relever les blessés. On a adopté, en » Algérie, l'usage de mulet de bât muni du cacolet ou de » la litière. A l'aide de ces équipages ingénieux, des » convois de plusieurs centaines de blessés, de soldats » amputés ou atteints des maladies les plus graves, ont » été ramenés saufs à notre base d'opérations.

» Le maréchal duc d'Isly ne pouvait s'empêcher de » rapprocher ces résultats si remarquables de ceux dont » il avait été témoin en Espagne, antérieurement à 1814, » et où, faute de moyens de transport appropriés aux » localités, des divisions entières se trouvaient forcées » de laisser leurs blessés sur le terrain.

» Frappé de l'exaltation triomphante que cet abandon

» produisait alors chez l'ennemi, le maréchal Bugeaud » n'hésite pas à affirmer que le courage de nos soldats n'aurait pas suffi peut-être pour la conquête de l'Algérie, » sans la possibilité de soustraire aux Arabes nos blessés » et nos malades.

» Voici les conclusions que le duc d'Isly tirait, à cette » occasion, de son expérience :

» Que des sections d'équipages pourvues, dans une » proportion convenable, de cacolets et de litières, en- » trent dans la composition de chacune des ambulances » attachées aux divisions d'infanterie et de cavalerie, et » de chacune des ambulances de réserve.

» Mon opinion est même que les divisions ne devraient » avoir que des ambulances en tout point semblables à » celles de l'armée d'Afrique. Il n'y aurait de voitures » qu'aux réserves.

» Je suis convaincu que les bons effets de cette nou- » velle organisation seront appréciés en Europe comme » en Afrique ; qu'elle ne tardera pas à faire règle, et » qu'une véritable révolution s'ensuivra dans la consti- » tution du service si important des ambulances aux » armées actives. »

Sans admettre, à l'exclusion de tout autre moyen de transport pour les blessés et les malades, le mulet de bât portant cacolet ou litière, il y entre actuellement pour une large part.

Si nous nous sommes appesanti sur cette partie si intéressante du service du train des équipages militaires, c'est qu'en effet elle a une importance capitale qui ne saurait être laissée dans l'ombre.

Et jamais, dans aucune guerre, les moyens mis à la disposition de l'armée n'ont été en rapport avec ses besoins.

Malgré la Convention de Genève, malgré les Sociétés de secours, malgré le dévouement sublime des Sœurs de Saint-Vincent-de-Paul, malgré l'abnégation patriotique des Frères de la doctrine chrétienne, embrigadés volontairement en brancardiers sous Paris, le service des ambulances a toujours été débordé pendant cette campagne néfaste.

La deuxième et la troisième partie du service du train des équipages militaires sont suffisamment connues pour en faire ressortir leur importance incontestable et incontestée.

De l'exposé succinct du service du train des équipages militaires, il ressort que l'armée ravitaillée par lui n'est qu'une partie de sa tâche; qu'il a encore pour mission le service des ambulances et l'enlèvement des blessés du champ de bataille.

Campagnes auxquelles a pris part le train des équipages militaires

Dès son organisation militaire, le nouveau corps débutait par la campagne de Pologne, en 1807 ; Espagne, 1808, et Russie, 1812, où il a joué un rôle assez important. Mais sa constitution n'était pas suffisamment éprouvée pour pouvoir éviter le désordre qui s'introduisit dans l'armée ; les transports aux armées ne s'improvisent pas, leur mécanisme demande une étude séri use et approfondie, et doit être confirmé par le cachet de l'expérience.

Quelques écrivains ont prétendu que cette campagne (1812) eût été moins désastreuse si Napoléon Ier avait fait suivre son armée par des approvisionnements plus considérables. D'autres, et parmi eux M. Thiers, affirment que l'organisation qui avait été donnée aux équipages militaires n'avait pas produit les résultats que l'on en attendait.

Il est certain que le manque d'expérience seul empêcha d'organiser les transports militaires sur un pied tel qu'il pût leur permettre de faire face à toutes les éventualités et à tous les besoins de la grande armée. Aussi, parmi les causes qui amenèrent sa ruine, signale-t-on le manque d'approvisionnements de toute nature; un matériel trop peu éprouvé, d'une construction trop peu solide pour lui permettre de résister aux fatigues occasionnées par les longues étapes parcourues ; des chevaux attelés trop jeunes et, pour ainsi dire, sans dressage préalable; un personnel peu fait aux expéditions lointaines et qui ne pouvait parer aux défauts que nous signalons, malgré le zèle et l'énergie qu'il déploya.

Quant au matériel roulant, les voitures à quatre roues, dites *à la comtoise*, seules résistèrent.

Quoi qu'il en soit, les transports militaires ont toujours eu, aux yeux de l'Empereur, un immense avantage: celui de rendre possible les concentrations soudaines, en transportant pour huit à dix jours de vivres à la suite de l'armée. Pour la campagne de 1813, nous le voyons réorganiser ce service sur de nouvelles bases.

La Restauration, pour avoir perdu de vue l'importance des transports militaires, ne put, malgré toute l'activité déployée hâtivement, faire arriver à temps, pendant la guerre d'Espagne, en 1823, sur le théâtre des opérations, les brigades de mulets de bât destinées aux transports de l'armée. Le succès de la campagne lui empêcha de regretter plus amèrement son insouciance.

Anvers, 1831-1832.

Rome, 1849.

C'est surtout pendant cette brillante épopée d'Afrique que l'on voit le train des équipages militaires rendre des services dont l'importance incontestable n'a fait que croître au fur et à mesure de nos succès.

Le 10 mai 1852, le corps des équipages militaires était compris dans la distribution des aigles faite à toute l'armée. Déjà, en 1848, un drapeau lui avait été décerné.

Crimée, 1854-55-56.

Italie, 1859.

Syrie, 1860.

Chine et Cochinchine, 1860-61-62 et 1863.

Mexique, de 1862 à 1867.

Guerre contre l'Allemagne, 1870-71.

Partout le train des équipages militaires s'est conduit avec honneur, et bon nombre de ses officiers, sous-officiers et soldats, ont été cités à l'ordre de l'armée, soit pour leur coopération à des défenses valeureuses, soit pour leur belle conduite dans différentes affaires ou dans leur service spécial.

Si par la nature de son service il ne peut répandre son sang avec autant de profusion que les armes combattantes, il n'en est pas plus avare qu'elles.

La mort qui vient frapper le soldat du train des équipages militaires, pour n'être pas couronnée d'une auréole aussi brillante que celle qui frappe le combattant, n'en est pas moins glorieuse et aussi utile à la patrie.

Partout, enfin, le corps du train des équipages militaires a su se montrer digne de l'estime de tous.

Nous terminerons cette esquisse historique en rappelant cette belle et noble devise qui peut être appliquée à ce grand tout qui se nomme l'armée française :

TOUS POUR UN, UN POUR TOUS.

TABLE DES MATIÈRES

Montpellier, Imprimerie centrale du Midi. — Hamelin Frères

www.ingramcontent.com/pod-product-compliance
Lightning Source LLC
Chambersburg PA
CBHW072014290326
41934CB00009BA/2081

* 9 7 8 2 0 1 4 4 7 3 9 0 2 *